Impressum

Verlag: BABADADA GmbH, Nedderfeld 112 , 22529 Hamburg

Geschäftsführer / Verlagsleitung: Harald Hof

Druck: Books on Demand GmbH, In de Tarpen 42, 22848 Norderstedt

Imprint

Publisher: BABADADA GmbH, Nedderfeld 112 , 22529 Hamburg, Germany

Managing Director / Publishing direction: Harald Hof

Print: Books on Demand GmbH, In de Tarpen 42, 22848 Norderstedt, Germany

学校

skola

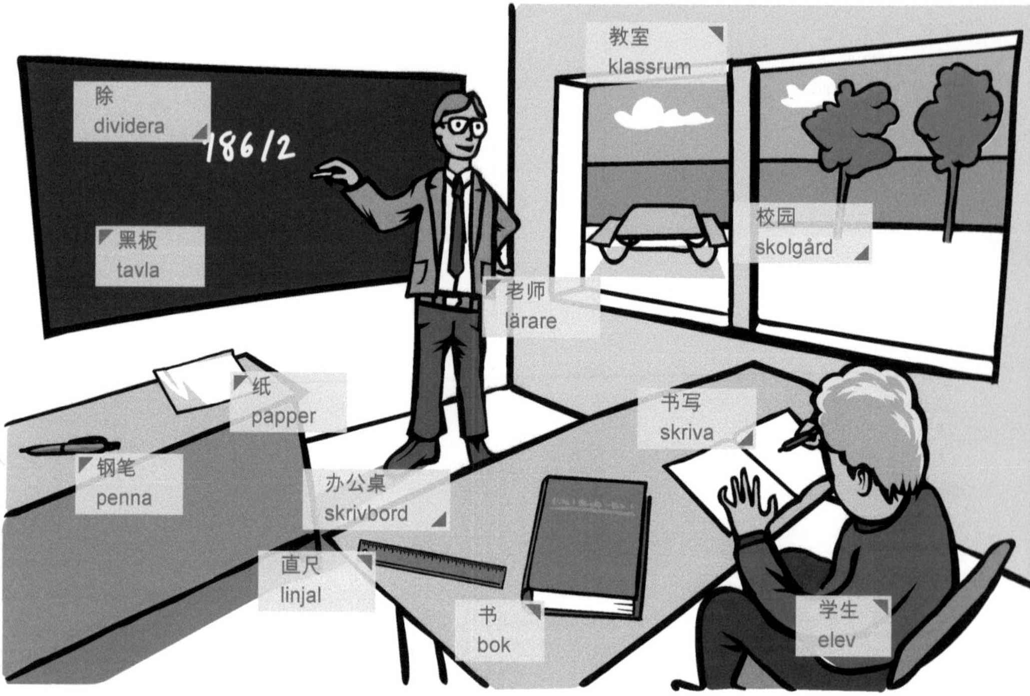
教室
klassrum
除
dividera
186/2
黑板
tavla
校园
skolgård
老师
lärare
纸
papper
书写
skriva
钢笔
penna
办公桌
skrivbord
直尺
linjal
书
bok
学生
elev

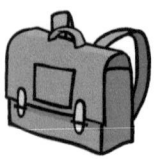

书包
skolväska

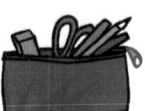

铅笔盒
pennfodral

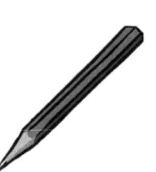

铅笔
blyertspenna

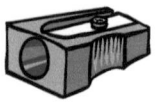

卷笔刀
pennvässare

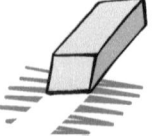

橡皮擦
suddgummi

画板
ritblock

图画

teckning

画笔

pensel

颜料盒

målarlåda

剪刀

sax

胶水

lim

练习册

övningsbok

家庭作业

hemläxa

12

数字

tal

2+2

加

addera

5-2

减

subtrahera

2×2

乘

multiplicera

计算

räkna

A

字母

bokstav

ABCDEFG
HIJKLMN
OPQRSTU
VWXYZ

字母表

alfabet

hello

字

ord

课文

text

读

läsa

粉笔

krita

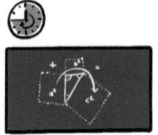

上课

lektion

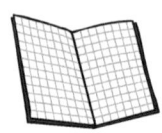

登记

register

考试

prov

证书

intyg

校服

skoluniform

教育

utbildning

百科全书

uppslagsverk

大学

universitet

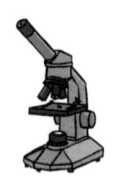

显微镜

mikroskop

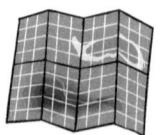

地图

karta

废纸筐

papperskorg

旅行
resa

Grand
酒店
hotell
青年旅社
vandrarhem
ROOMS
外币兑换处
växelkontor
EXCHANGE
手提箱
resväska
汽车
bil

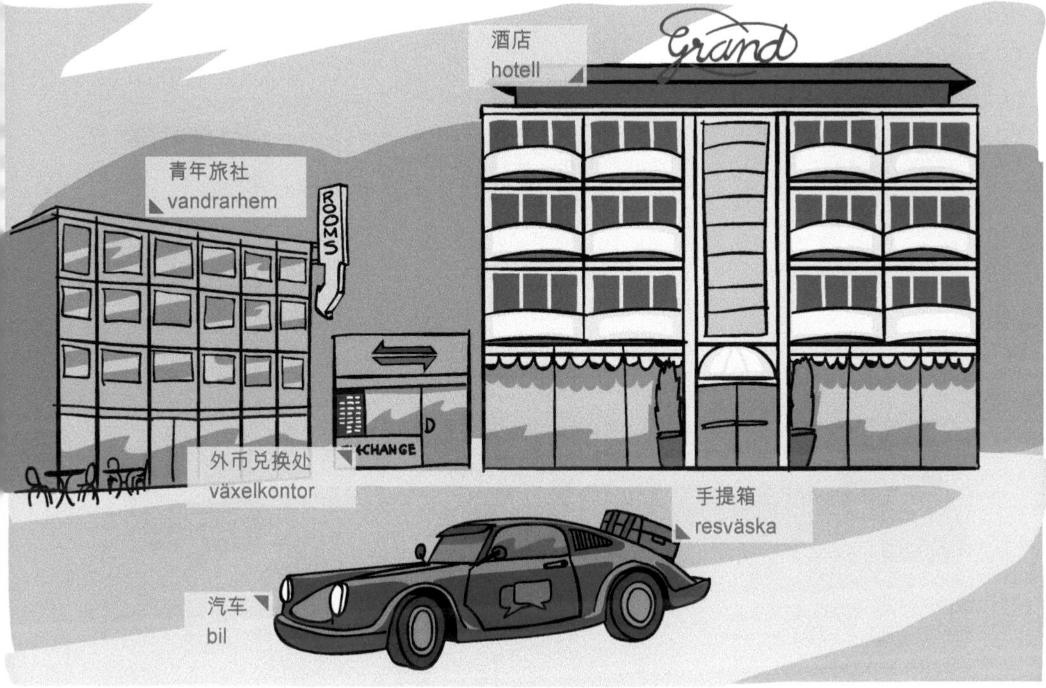

语言

språk

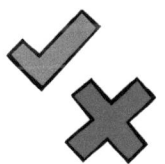

是/否

ja / nej

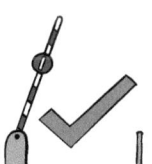

好的

Okay

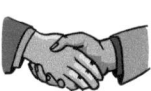

您好

hej

翻译员

översättare

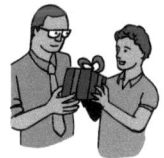

谢谢

Tack

……多少钱？

hur mycket kostar...?

我不明白

jag förstår inte

问题

problem

晚上好！

God kväll!

早上好！

God morgon!

晚安！

God natt!

再见

hejdå

方向

riktning

行李

bagage

包

väska

双肩包

ryggsäck

客人

gäst

房间

rum

睡袋

sovsäck

帐篷

tält

旅游信息

turistinformation

海滩

strand

信用卡

kreditkort

早餐

frukost

午餐

lunch

晚餐

middag

票

biljett

电梯

hiss

邮票

frimärke

边界

gräns

海关

tull

大使馆

ambassad

签证

visum

护照

pass

交通运输

transport

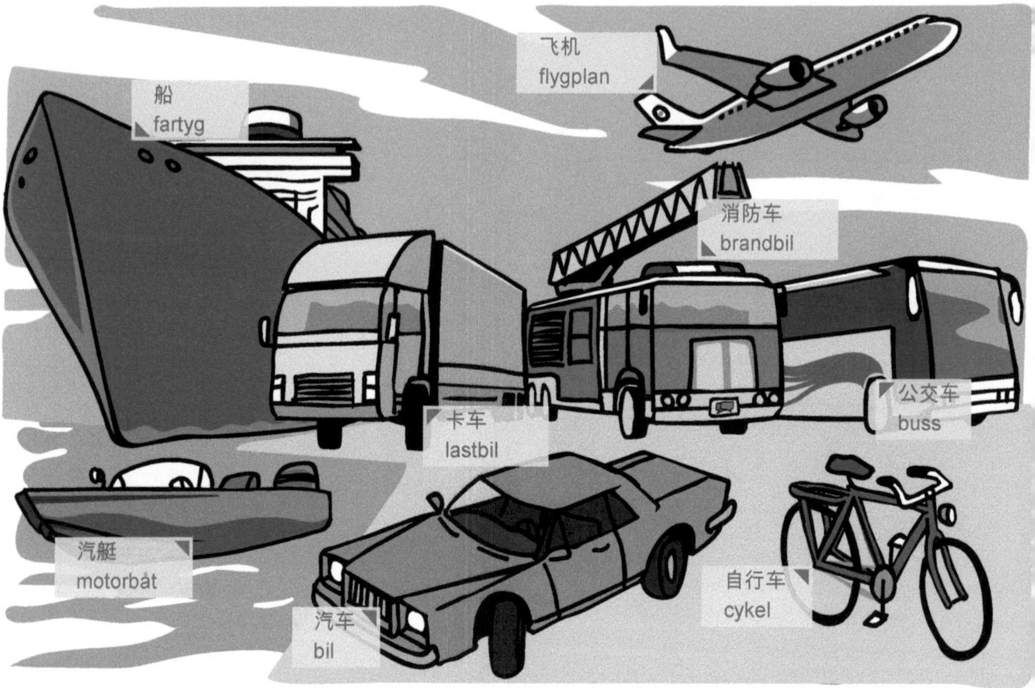
飞机
flygplan
船
fartyg
消防车
brandbil
公交车
buss
卡车
lastbil
汽艇
motorbåt
自行车
cykel
汽车
bil

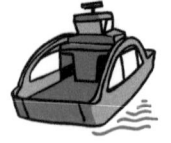

摆渡船

färja

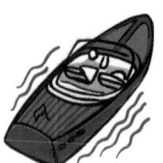

小船

båt

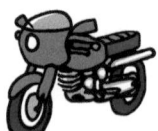

摩托车

motorcykel

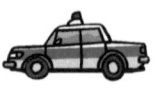

警车

polisbil

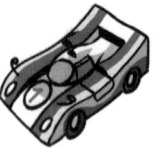

赛车

racerbil

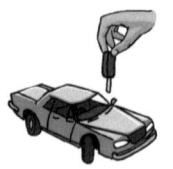

租车

hyrbil

拼车

bilpool

拖车

bärgningsbil

垃圾车

sopbil

发动机

motor

汽油

bränsle

加油站

bensinstation

交通标志

vägmärke

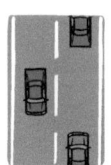

交通

trafik

交通堵塞

bilkö

停车场

parkeringsplats

火车站

tågstation

轨道

räls

火车

tåg

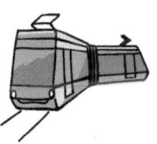

电车

spårvagn

货车

vagn

交通运输 - transport

直升机

helikopter

机场

flygplats

塔

torn

乘客

passagerare

集装箱

container

纸板箱

kartong

手推车

vagn

篮子

korg

起飞/降落

starta / landa

城市

stad

村庄

by

市中心

centrum

房子

hus

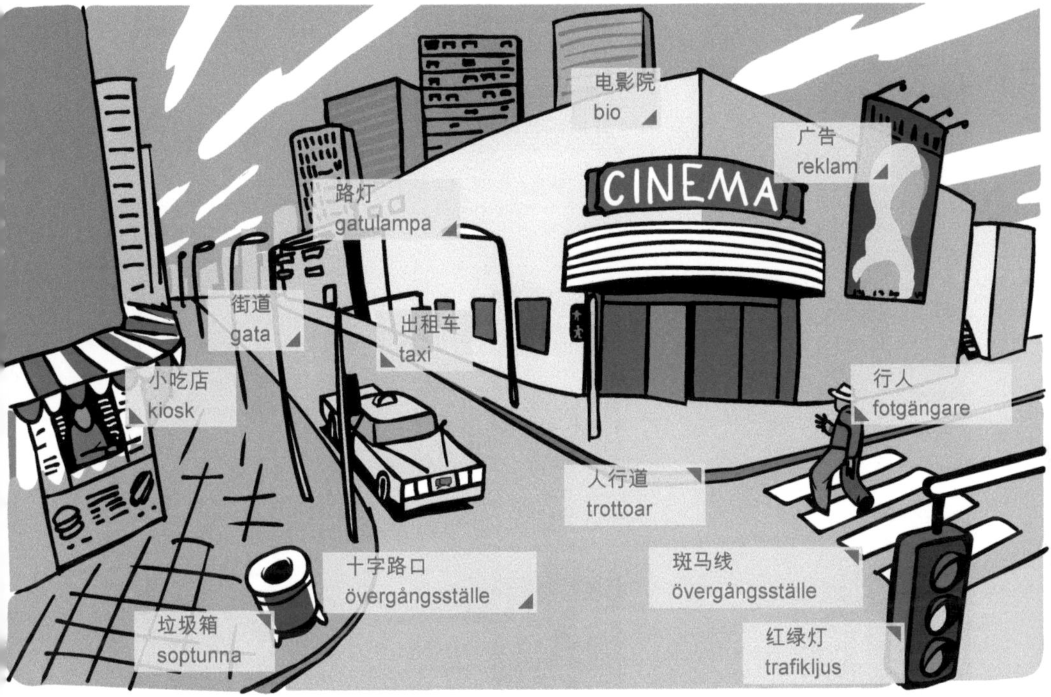

电影院
bio

广告
reklam

路灯
gatulampa

街道
gata

出租车
taxi

小吃店
kiosk

行人
fotgängare

人行道
trottoar

十字路口
övergångsställe

斑马线
övergångsställe

垃圾箱
soptunna

红绿灯
trafikljus

小屋
stuga

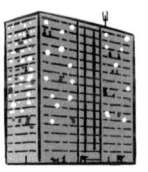

公寓
lägenhet

火车站
tågstation

市政厅
stadshus

博物馆
museum

学校
skola

大学

universitet

银行

bank

医院

sjukhus

酒店

hotell

药房

apotek

办公室

kontor

书店

bokhandel

商店

affär

花店

blomsterbutik

超市

stormarknad

市场

marknad

百货商店

varuhus

鱼店

fiskhandlare

购物中心

köpcentrum

海港

hamn

公园

park

长凳

bänk

桥

brygga

楼梯

trappa

地铁

tunnelbana

隧道

tunnel

公交车站

busshållplats

酒吧

bar

餐馆

restaurang

邮筒

brevlåda

路标

gatuskylt

停车计时器

parkeringsautomat

动物园

zoo

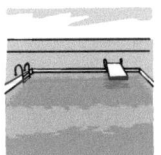

游泳馆

simbassäng

清真寺

moské

农场
bondgård

污染
förorening

墓地
kyrkogård

教堂
kyrka

操场
lekplats

寺庙
tempel

地形

landskap

树叶
löv

指示牌
vägskylt

路
väg

草地
äng

石头
sten

树
träd

徒步旅行者
liftare

河
flod

草
gräs

花
blomma

峡谷

dal

山

kulle

湖

sjö

森林

skog

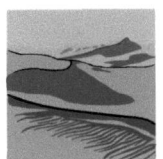

沙漠

öken

火山

vulkan

城堡

slott

彩虹

regnbåge

蘑菇

svamp

棕榈树

palm

蚊子

mygga

苍蝇

fluga

蚂蚁

myra

蜜蜂

bi

蜘蛛

spindel

甲虫

skalbagge

青蛙

groda

松鼠

ekorre

刺猬

igelkott

野兔

hare

猫头鹰

uggla

鸟

fågel

天鹅

svan

野猪

vildsvin

鹿

rådjur

麋鹿

älg

水坝

damm

风力发电机

vindkraftverk

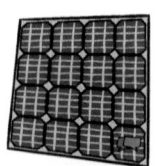

太阳能电池板

solcellspanel

气候

klimat

餐馆

restaurang

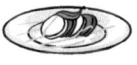

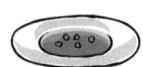

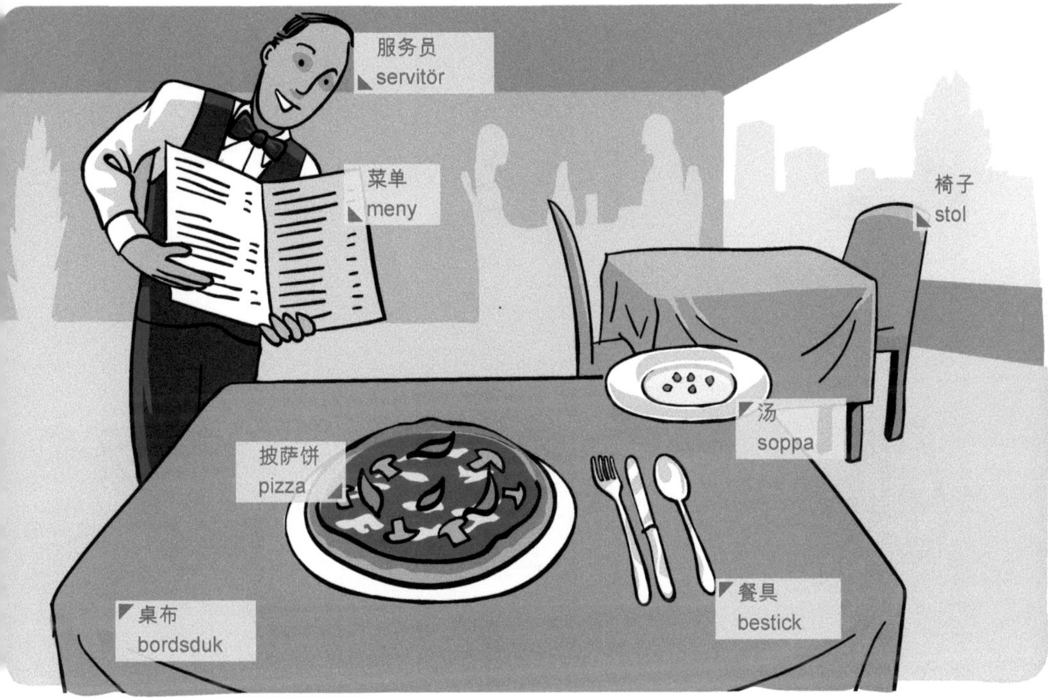
服务员
servitör
菜单
meny
椅子
stol
汤
soppa
披萨饼
pizza
餐具
bestick
桌布
bordsduk

前菜

förrätt

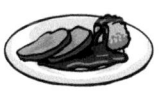

主菜

huvudrätt

甜点

dessert

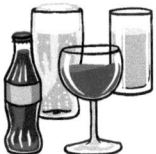

饮料

drycker

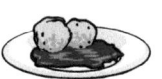

食物

mat

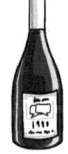

瓶子

flaska

快餐
snabbmat

街边小吃
street food

茶壶
tekanna

糖盒
sockerskål

一份饭菜
portion

意式咖啡机
espressomaskin

高脚椅
barnstol

账单
räkning

托盘
bricka

刀
kniv

餐叉
gaffel

勺子
sked

茶匙
tesked

餐巾
servett

玻璃杯
glas

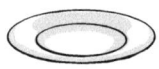

碟子
tallrik

汤盘
sopptallrik

碟子
tefat

酱
sås

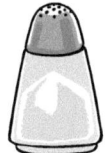

盐瓶
saltkar

胡椒磨
pepparkvarn

醋
vinäger

食用油
olja

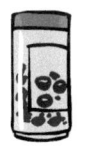

调味料
kryddor

番茄酱
ketchup

芥末
senap

蛋黄酱
majonnäs

超市

stormarknad

特价
specialerbjudande
FOR
顾客
kund
乳制品
mejeriprodukter
水果
frukt
购物车
varukorg

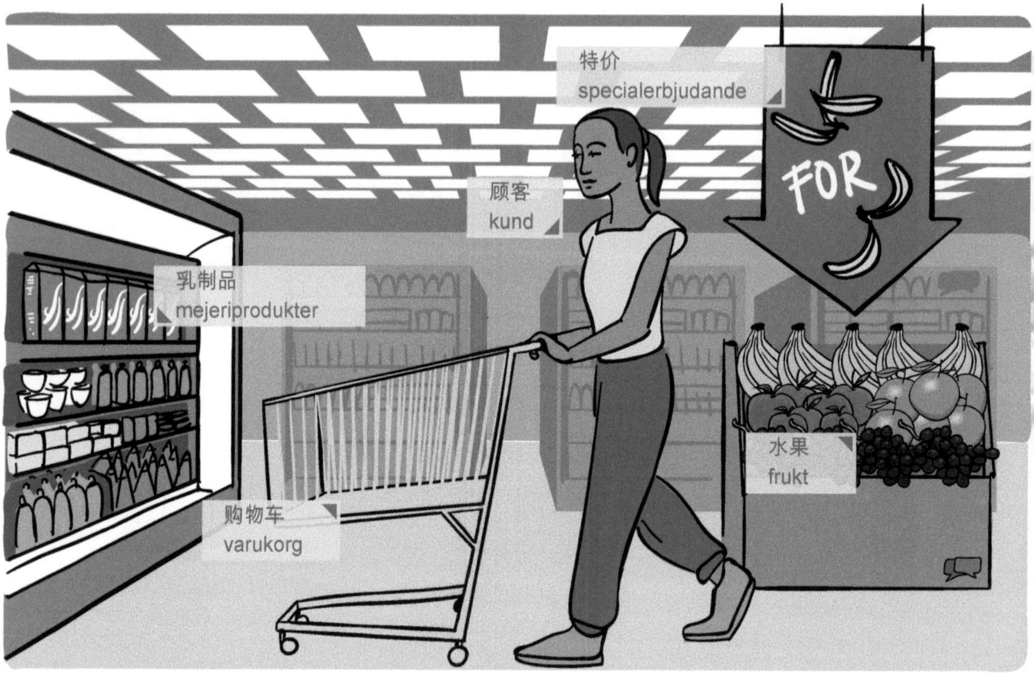

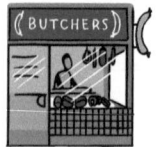

BUTCHERS

肉铺

charkuteri

BAKERY

面包房

bageri

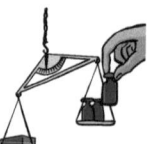

称重

väga

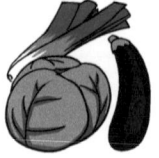

蔬菜

grönsaker

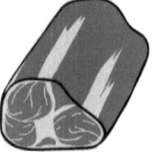

肉

kött

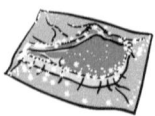

冷冻食品

frysta livsmedel

冷盘
pålägg

罐头食品
konserver

洗衣粉
tvättmedel

甜食
godis

日用品
hushållsprodukter

清洁用品
rengöringsmedel

销售员
försäljare

收银机
kassa

收银员
kassör

购物清单
inköpslista

开放时间
öppettider

钱包
plånbok

信用卡
kreditkort

袋子
väska

塑料袋
plastpåse

水

vatten

果汁

juice

牛奶

mjölk

可乐

cola

红酒

vin

啤酒

öl

酒

alkohol

可可

kakao

茶

te

咖啡

kaffe

意式浓缩咖啡

espresso

卡布奇诺

cappuccino

香蕉

banan

苹果

äpple

橙子

apelsin

西瓜

melon

柠檬

citron

胡萝卜

morot

大蒜

vitlök

竹子

bambu

洋葱

lök

蘑菇

svamp

坚果

nötter

面条

nudlar

意大利面条

spaghetti

米饭

ris

沙拉

sallad

薯条

pommes frites

炸土豆

stekt potatis

披萨饼

pizza

汉堡包

hamburgare

三明治

smörgås

炸猪排

schnitzel

火腿

skinka

萨拉米

salami

香肠

korv

鸡肉

kyckling

烤肉

stek

鱼

fisk

燕麦片
havregryn

穆兹利
müsli

玉米片
cornflakes

面粉
mjöl

羊角面包
croissant

面包卷
fralla

面包
bröd

烤面包
rostat bröd

饼干
kex

黄油
smör

凝乳
kvarg

蛋糕
kaka

蛋
ägg

煎蛋
stekt ägg

奶酪
ost

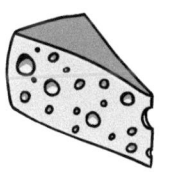

冰激凌

glass

糖

socker

蜂蜜

honung

果酱

sylt

巧克力酱

nougatkräm

咖喱饭

curry

农场
bondgård

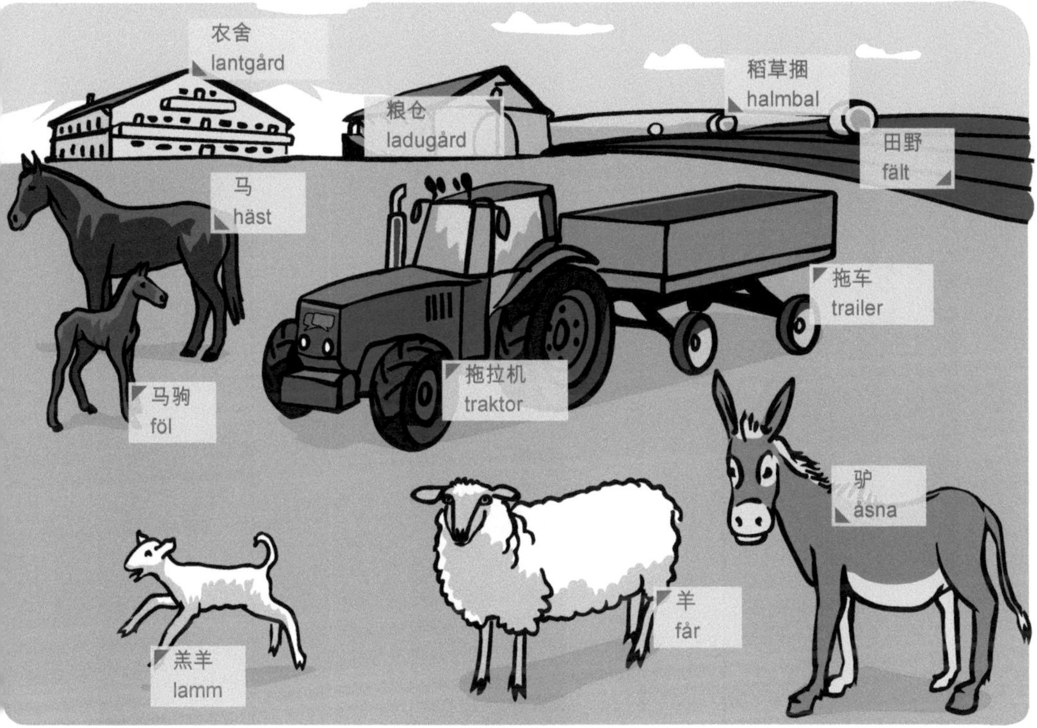
农舍
lantgård
粮仓
ladugård
稻草捆
halmbal
田野
fält
马
häst
拖车
trailer
拖拉机
traktor
马驹
föl
驴
åsna
羊
får
羔羊
lamm

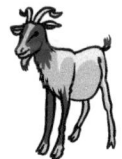

山羊

get

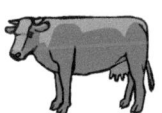

奶牛

ko

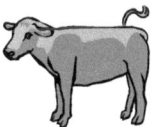

牛犊

kalv

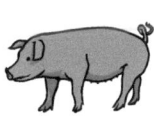

猪

gris

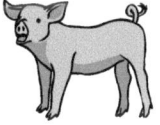

小猪

griskulting

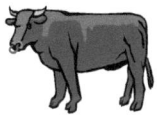

公牛

tjur

鹅

gås

鸭

anka

小鸡

kyckling

母鸡

höna

公鸡

tupp

鼠

råtta

猫

katt

老鼠

mus

牛

oxe

狗

hund

狗屋

hundkoja

花园浇水软管

trädgårdsslang

洒水壶

vattenkanna

长柄大镰刀

lie

犁

plog

镰刀

skära

锄头

hacka

长柄草耙

högaffel

斧头

yxa

独轮手推车

skottkärra

饲料槽

tråg

牛奶罐

mjölkflaska

麻布袋

säck

栅栏

staket

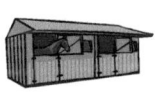

马厩

stall

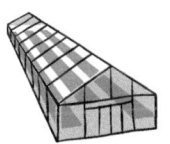

温室

växthus

土壤

jord

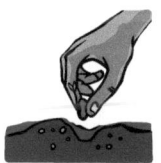

种子

säd

肥料

gödsel

联合收割机

skördetröska

收割

skörda

收割

skörd

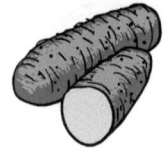

山药

jams

小麦

vete

大豆

soja

土豆

potatis

玉米

majs

油菜籽

raps

果树

fruktträd

树薯

maniok

谷物

spannmål

房子

hus

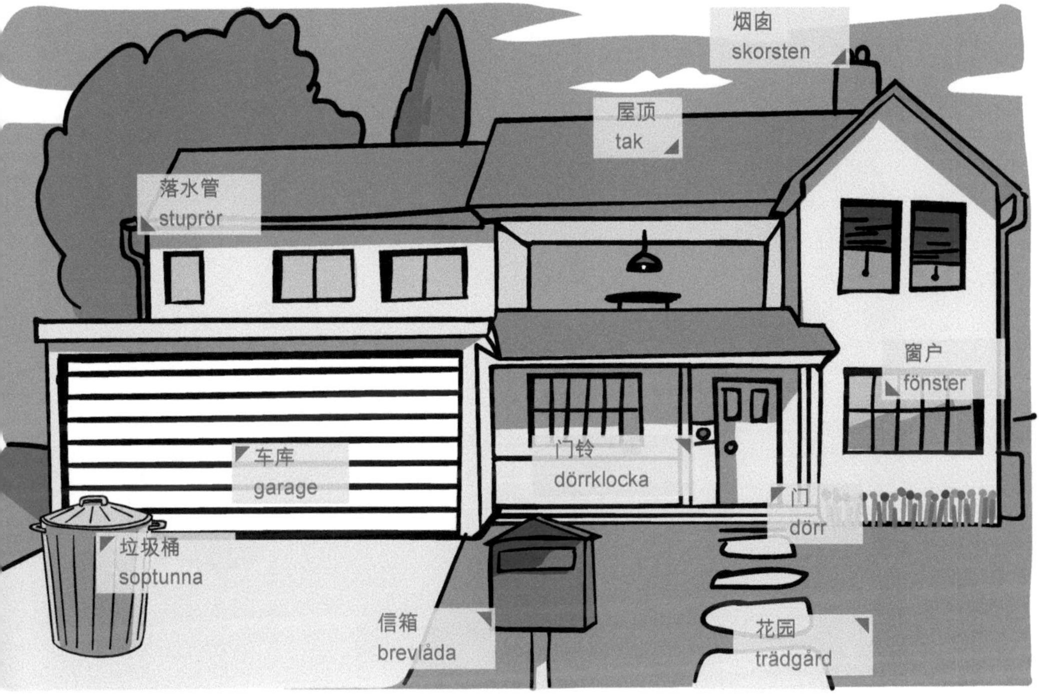

烟囱
skorsten
屋顶
tak
落水管
stuprör
窗户
fönster
车库
garage
门铃
dörrklocka
门
dörr
垃圾桶
soptunna
信箱
brevlåda
花园
trädgård

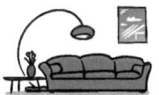

客厅

vardagsrum

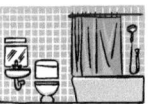

浴室

badrum

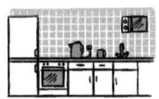

厨房

kök

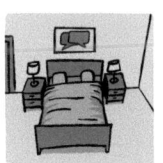

卧室

sovrum

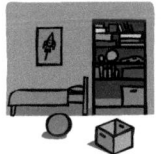

儿童房

barnrum

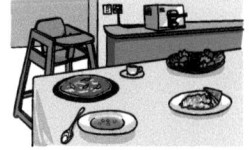

餐厅

matsal

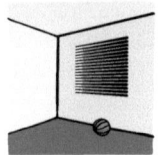

地板

golv

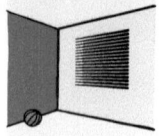

墙壁

vägg

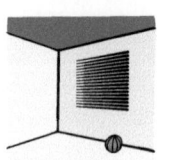

吊顶

tak

地窖

källare

桑拿

bastu

阳台

balkong

露台

terrass

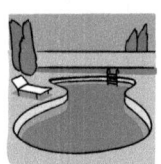

游泳池

bassäng

割草机

gräsklippare

被单

lakan

床罩

överkast

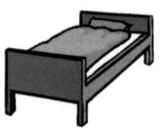

床

säng

扫帚

kvast

水桶

hink

开关

strömbrytare

客厅

vardagsrum

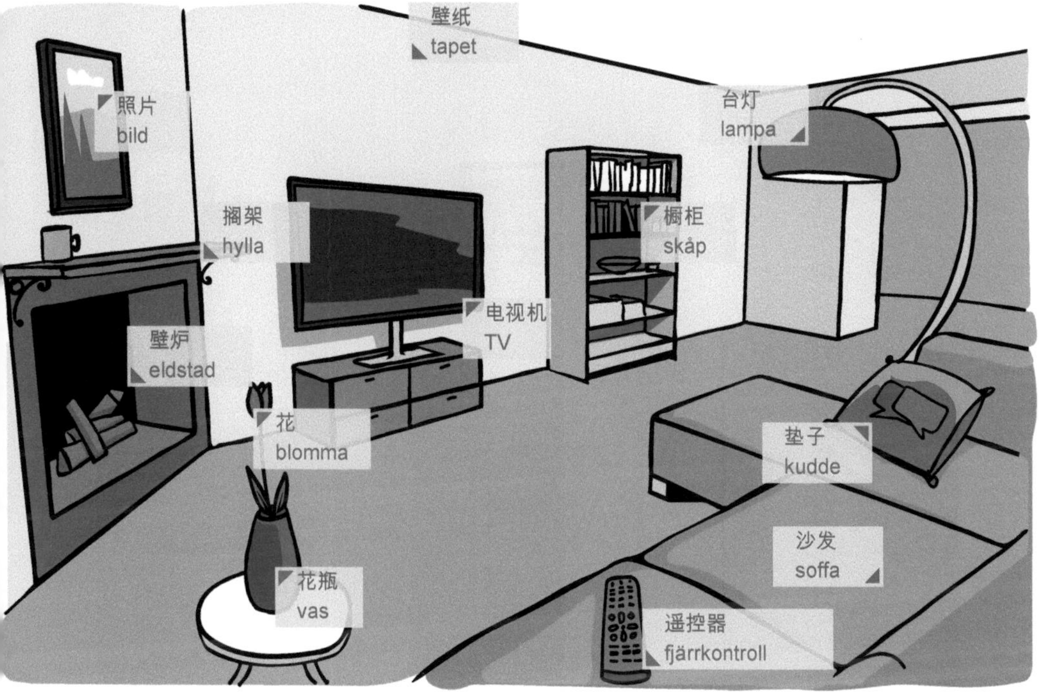

壁纸
tapet
照片
bild
台灯
lampa
搁架
hylla
橱柜
skåp
电视机
TV
壁炉
eldstad
花
blomma
垫子
kudde
沙发
soffa
花瓶
vas
遥控器
fjärrkontroll

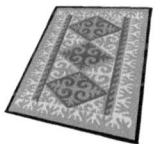

地毯

matta

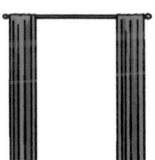

窗帘

gardin

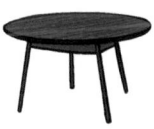

餐桌

bord

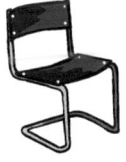

椅子

stol

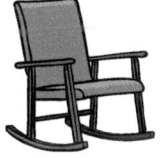

摇椅

gungstol

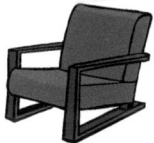

扶手椅

fåtölj

书
bok

毯子
filt

装饰品
dekoration

木柴
vedträ

电影
film

高保真音响
stereoanläggning

钥匙
nyckel

报纸
dagstidning

油画
målning

海报
poster

收音机
radio

笔记本
anteckningsbok

吸尘器
dammsugare

仙人掌
kaktus

蜡烛
stearinljus

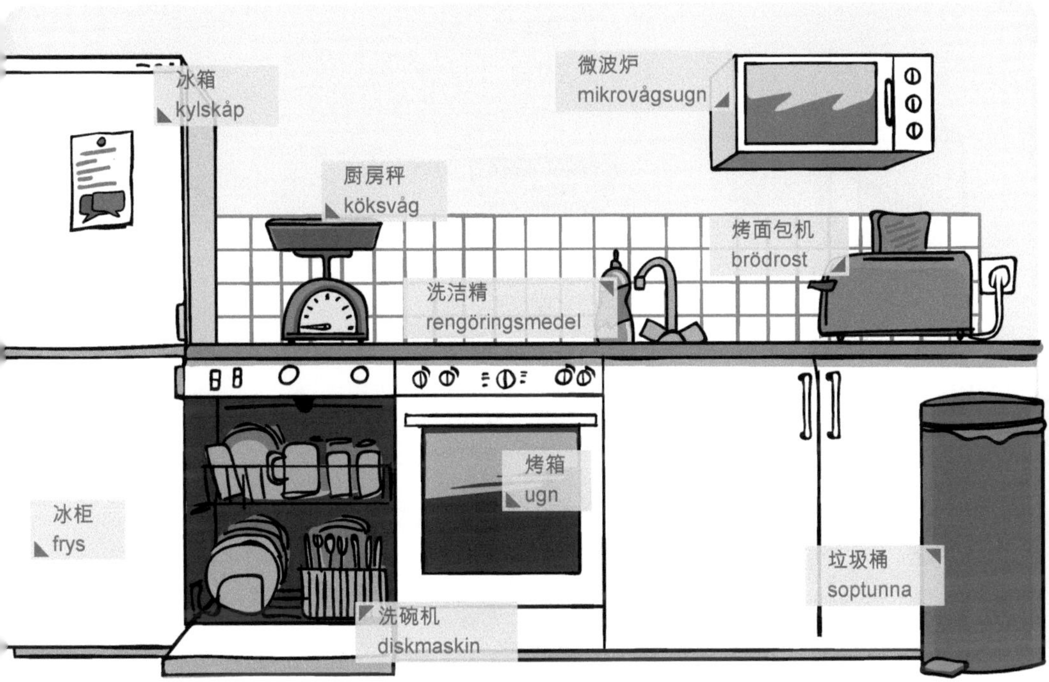

冰箱
kylskåp

微波炉
mikrovågsugn

厨房秤
köksvåg

烤面包机
brödrost

洗洁精
rengöringsmedel

冰柜
frys

烤箱
ugn

垃圾桶
soptunna

洗碗机
diskmaskin

炊具

spis

锅

kastrull

铸铁锅

järngryta

炒锅

wok / kadai

平底锅

stekpanna

水壶

vattenkokare

蒸锅

ångkokare

烤盘

bakplåt

陶瓷锅

porslin

马克杯

mugg

碗

skål

筷子

ätpinnar

长柄勺

soppslev

铲子

stekspade

搅拌器

visp

滤网

durkslag

筛子

sil

磨碎机

rivjärn

研钵

mortel

烧烤

grill

明火

brasa

菜板

skärbräda

擀面杖

kavel

开瓶器

korkskruv

罐子

burk

开罐器

burköppnare

隔热手套

grytlapp

水槽

vask

刷子

borste

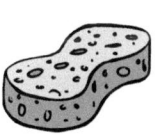

海绵

svamp

搅拌机

mixer

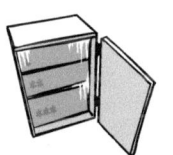

冷藏箱

frys

奶瓶

nappflaska

水龙头

kran

厨房 - kök

浴室

badrum

淋浴
dusch
供暖设备
värme
毛巾
handduk
浴帘
duschdraperi
泡沫浴
bubbelbad
浴缸
badkar
玻璃杯
glas
洗衣机
tvättmaskin
水龙头
kran
瓷砖
kakel
便壶
potta
水槽
vask

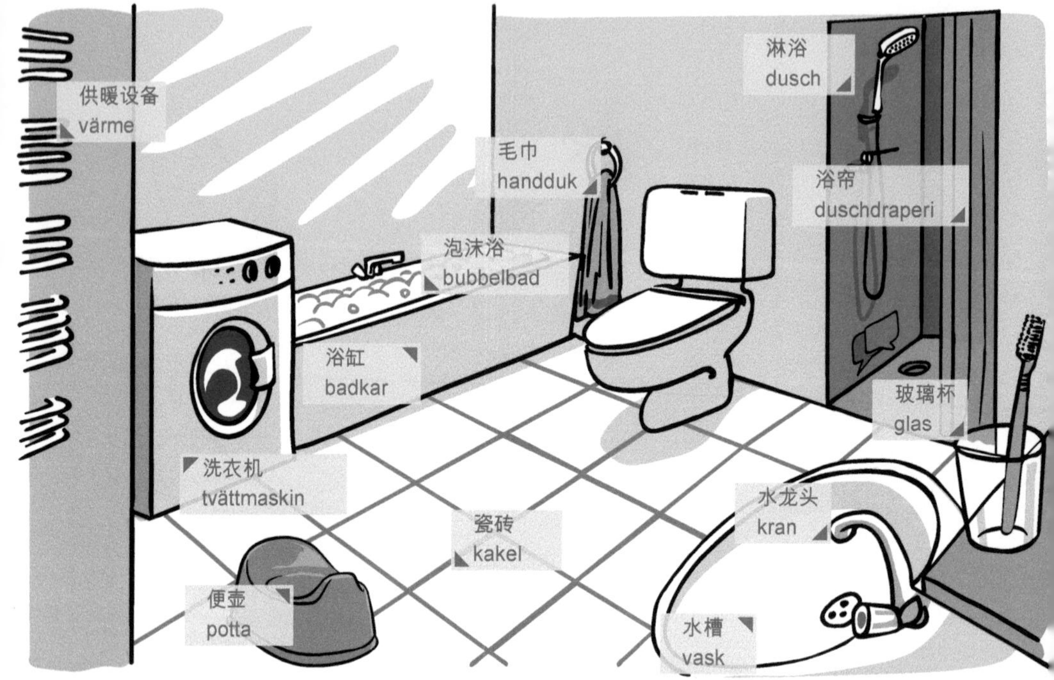

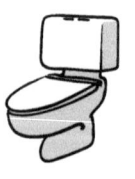

厕所

toalett

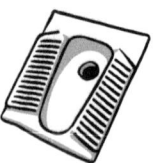

蹲便器

låg toalett

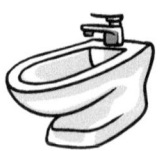

坐浴器

bidet

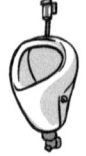

小便池

pissoar

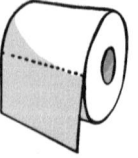

厕纸

toalettpapper

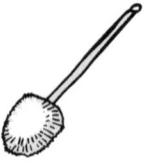

马桶刷

toalettborste

牙刷

tandborste

牙膏

tandkräm

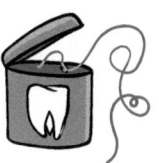

牙线

tandtråd

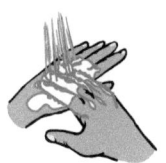

洗

tvätta

手持式喷淋头

handdusch

冲洗器

intimdusch

洗脸盆

handfat

擦背刷

ryggborste

肥皂

tvål

沐浴露

duschgel

洗发水

schampo

法兰绒

trasa

排水

avlopp

乳霜

crème

除臭剂

deodorant

浴室 - badrum

镜子

spegel

手镜

handspegel

剃须刀

rakhyvel

剃须泡沫

raklödder

须后水

rakvatten

梳子

kam

刷子

borste

吹风机

hårtork

喷发定型剂

hårspray

化妆品

smink

唇膏

läppstift

指甲油

nagellack

化妆棉

bomullsvadd

指甲剪

nagelsax

香水

parfym

洗漱包

necessär

凳子

pall

计重秤

våg

浴袍

badrock

橡胶手套

gummihandskar

卫生棉条

tampong

卫生巾

binda

化学厕所

kemisk toalett

儿童房
barnrum

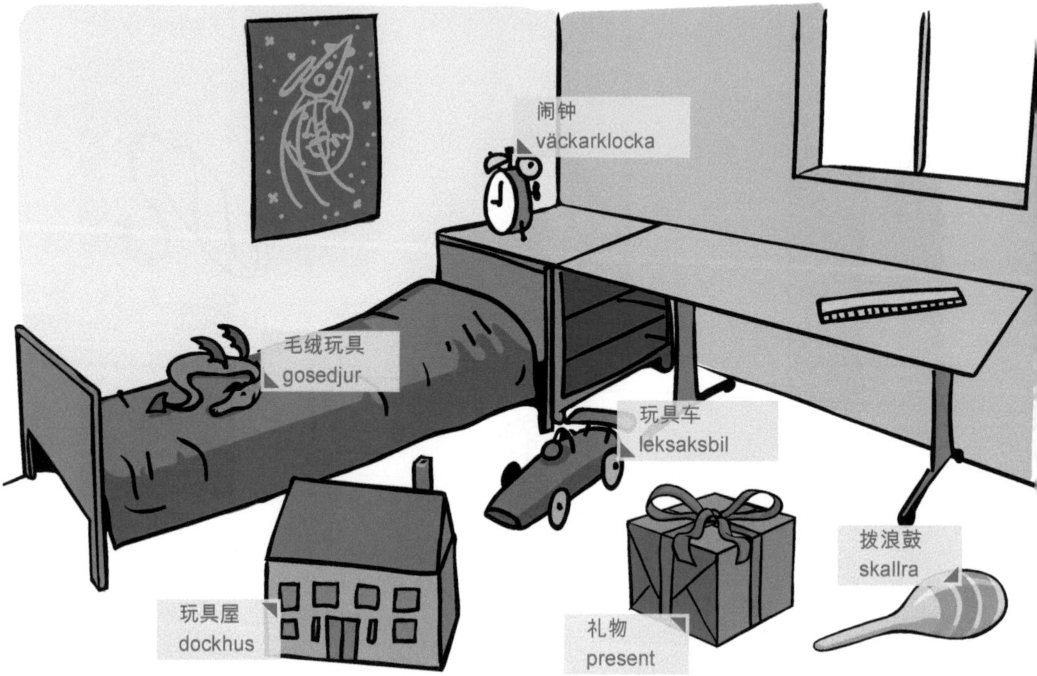
闹钟
väckarklocka
毛绒玩具
gosedjur
玩具车
leksaksbil
拨浪鼓
skallra
玩具屋
dockhus
礼物
present

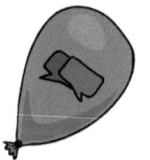

气球

ballong

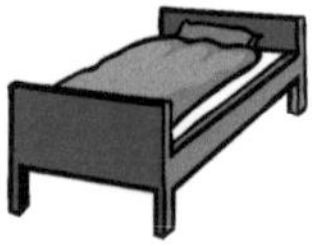

床

säng

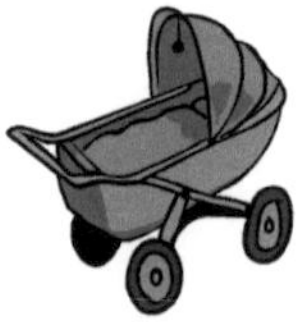

（洋娃娃用）婴儿车

barnvagn

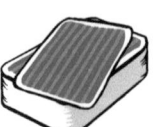

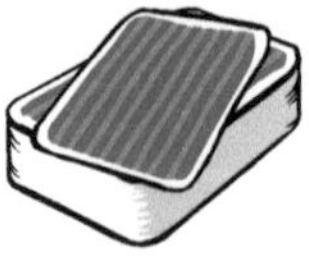

扑克牌

kortlek

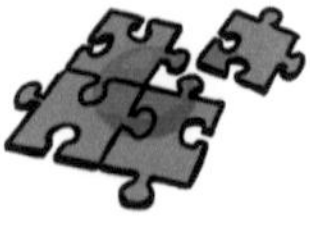

拼图

pussel

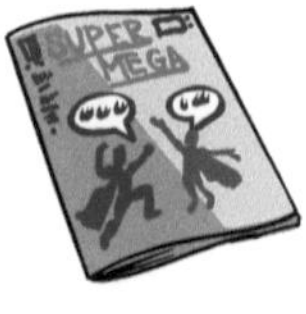

漫画

serietidning

乐高积木

legobitar

积木玩具

klossar

玩具人

actionfigur

婴儿服

sparkdräkt

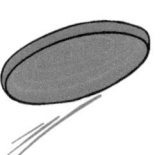

飞盘

frisbee

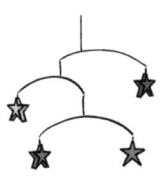

床铃玩具

mobil

棋盘游戏

brädspel

骰子

tärning

火车模型

modelljärnväg

安抚奶嘴

napp

聚会

party

绘本

bilderbok

球

boll

洋娃娃

docka

玩

spela

沙坑
sandlåda

秋千
gunga

玩具
leksaker

游戏机
spelkonsol

三轮车
trehjuling

泰迪熊
nalle

衣柜
garderob

衣服

kläder

袜子
sockar

长袜
strumpor

紧身裤
tights

围巾
halsduk

雨伞
paraply

T恤
t-shirt

皮带
bälte

靴子
stövlar

拖鞋
tofflor

运动鞋
sneakers

凉鞋
sandaler

鞋
skor

雨靴
gummistövlar

内裤
underbyxor

胸罩
BH

背心
linne

衣服 - kläder

身体
body

裤子
byxor

牛仔裤
jeans

短裙
kjol

女式衬衫
blus

衬衫
skjorta

套头衫
pullover

卫衣
sweater

西装夹克
blazer

夹克
jacka

外套
kappa

雨衣
regnjacka

套装
dräkt

连衣裙
klänning

婚纱
bröllopsklänning

西装
kostym

睡袍
nattlinne

睡衣
pyjamas

莎丽
sari

头巾
slöja

包头巾
turban

波卡
burka

卡夫坦
kaftan

(阿拉伯式)长袍
abaya

泳衣
baddräkt

男式泳裤
badbyxor

短裤
shorts

运动服
träningsoverall

围裙
förkläde

手套
handskar

纽扣

knapp

眼镜

glasögon

手链

armband

项链

halsband

戒指

ring

耳环

örhänge

便帽

mössa

衣架

galge

帽子

hatt

领带

slips

拉链

dragkedja

头盔

hjälm

背带

hängslen

校服

skoluniform

制服

uniform

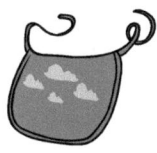

围兜

haklapp

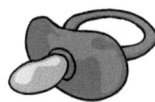

安抚奶嘴

napp

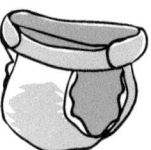

尿不湿

blöja

办公室
kontor

服务器
server
文件柜
dokumentskåp
打印机
skrivare
纸
papper
显示屏
bildskärm
鼠标
mus
办公桌
skrivbord
文件夹
mapp
键盘
tangentbord
废纸篓
papperskorg
电脑
dator
椅子
stol

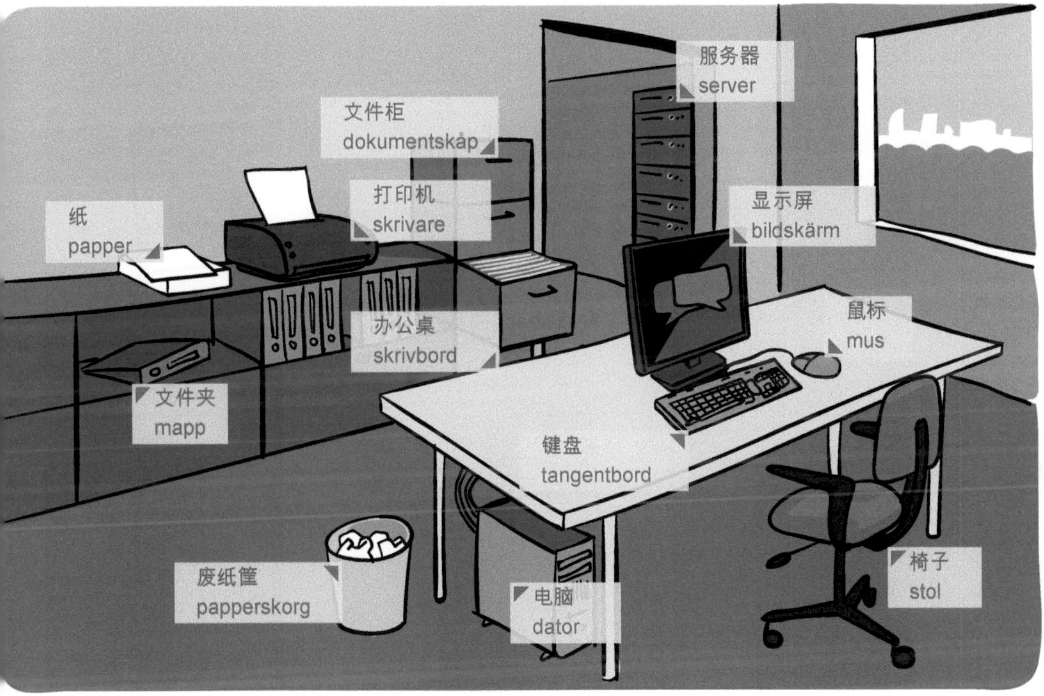

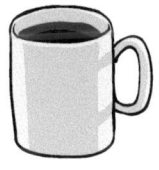

咖啡杯

kaffemugg

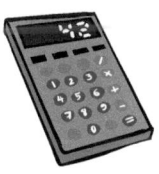

计算器

miniräknare

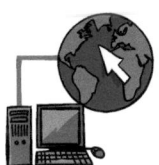

因特网

internet

笔记本电脑
bärbar dator

信件
brev

消息
meddelande

手机
mobiltelefon

网络
nätverk

复印机
kopieringsapparat

软件
programvara

电话
telefon

插座
vägguttag

传真机
fax

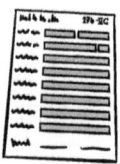

表格
blankett

文件
dokument

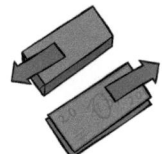

买

köpa

付钱

betala

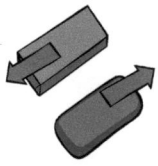

交易

handla

现金

pengar

美元

dollar

欧元

euro

日元

yen

卢布

rubel

瑞士法郎

schweizisk franc

人民币

renminbi yan

卢比

rupie

提款处

bankomat

外币兑换处

växelkontor

金

guld

银

silver

石油

olja

能源

energi

价格

pris

合同

kontrakt

税金

skatt

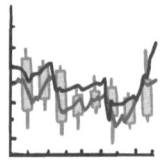

股票

aktie

工作

arbeta

职员

anställd

老板

arbetsgivare

工厂

fabrik

商店

affär

职业
yrken

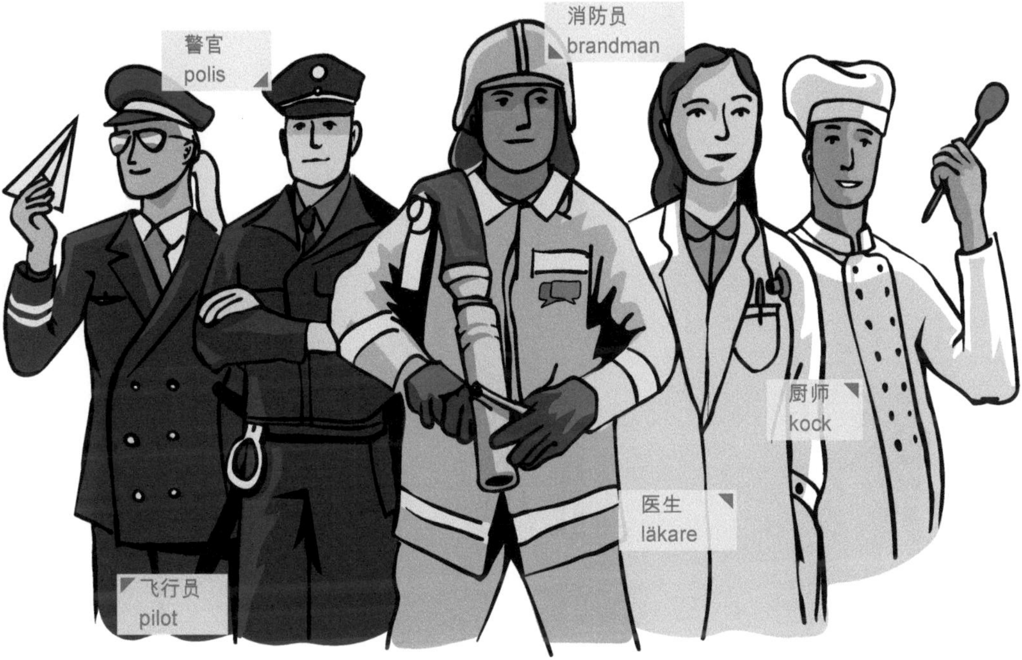
警官
polis
消防员
brandman
厨师
kock
医生
läkare
飞行员
pilot

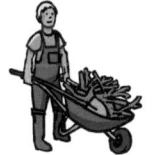

园丁

trädgårdsmästare

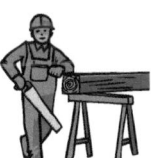

木匠

snickare

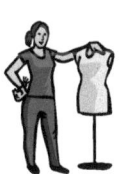

裁缝

sömmerska

法官

domare

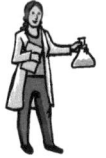

化学家

kemist

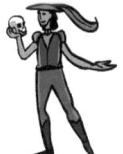

演员

skådespelare

公交车司机

busschaufför

出租车司机

taxichaufför

渔夫

fiskare

清洁女工

städerska

屋顶工

takläggare

服务员

servitör

猎人

jägare

画家

målare

面包师

bagare

电工

elektriker

建筑工人

byggarbetare

工程师

ingenjör

屠夫

slaktare

水管工

rörmokare

邮递员

brevbärare

士兵

soldat

建筑师

arkitekt

收银员

kassör

花农

florist

理发师

frisör

售票员

konduktör

机械师

mekaniker

船长

kapten

牙医

tandläkare

科学家

vetenskapsman

拉比

rabbin

伊玛目

imam

和尚

munk

牧师

präst

工具
verktyg

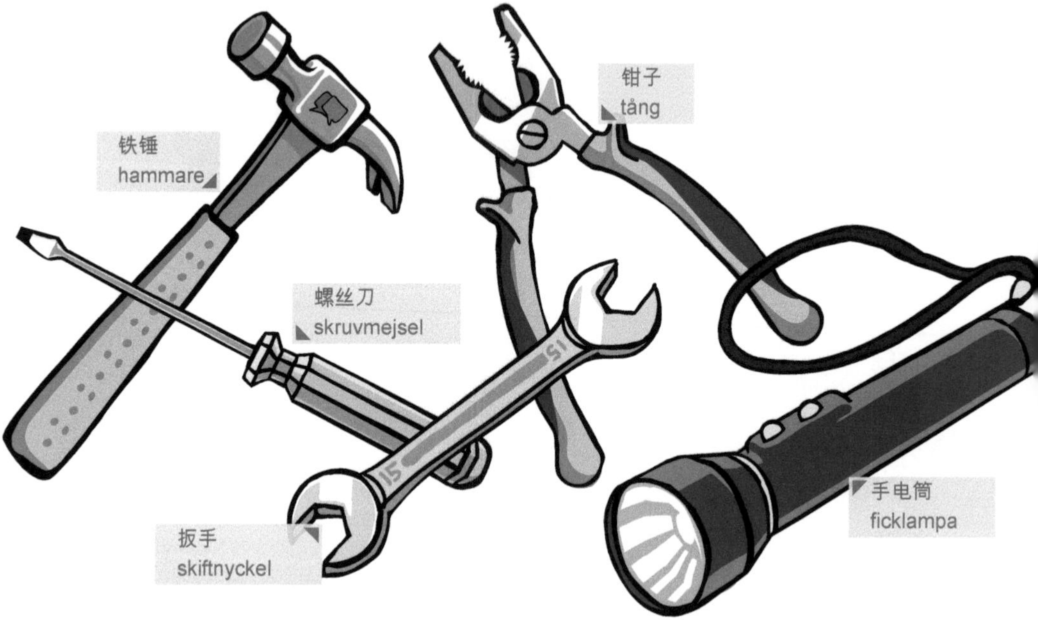

铁锤
hammare
钳子
tång
螺丝刀
skruvmejsel
扳手
skiftnyckel
手电筒
ficklampa

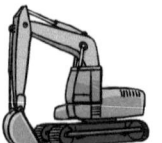

挖掘机

grävmaskin

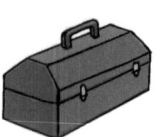

工具箱

verktygslåda

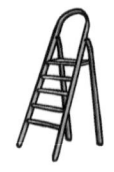

梯子

stege

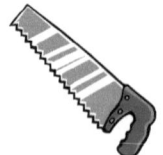

锯子

såg

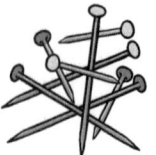

钉子

spik

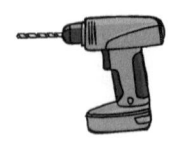

钻机

borr

修
reparera

铲子
spade

靠！
Helvete!

簸箕
sopskyffel

油漆桶
färgburk

螺丝
skruvar

乐器
musikinstrument

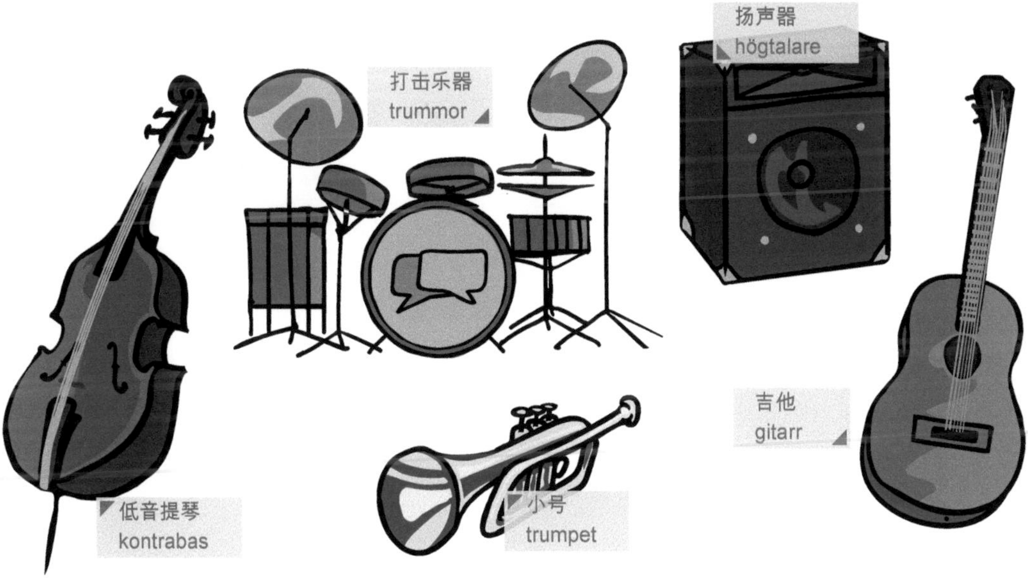

打击乐器
trummor

扬声器
högtalare

吉他
gitarr

低音提琴
kontrabas

小号
trumpet

钢琴
piano

小提琴
violin

贝斯
bas

定音鼓
timpani

鼓
trumma

电子琴
keyboard

萨克斯管
saxofon

长笛
flöjt

麦克风
mikrofon

动物园

ZOO

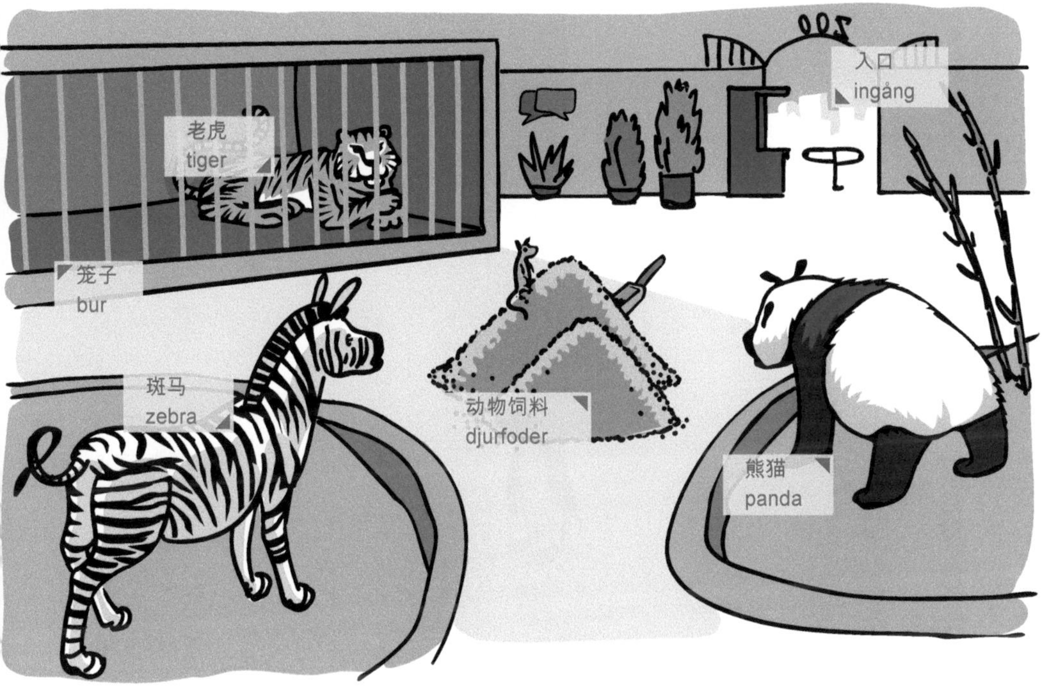
老虎
tiger
入口
ingång
笼子
bur
斑马
zebra
动物饲料
djurfoder
熊猫
panda

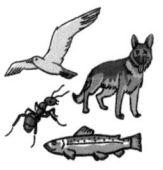

动物

djur

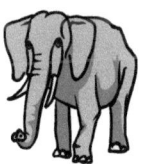

大象

elefant

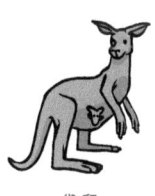

袋鼠

känguru

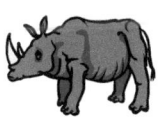

犀牛

noshörning

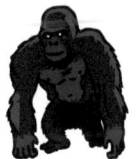

大猩猩

gorilla

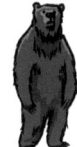

熊

björn

骆驼

kamel

鸵鸟

struts

狮子

lejon

猴子

apa

火烈鸟

flamingo

鹦鹉

papegoja

北极熊

isbjörn

企鹅

pingvin

鲨鱼

haj

孔雀

påfågel

蛇

orm

鳄鱼

krokodil

动物园管理员

djurskötare

海豹

säl

美洲豹

jaguar

矮种马

ponny

豹

leopard

河马

flodhäst

长颈鹿

giraff

老鹰

örn

野猪

vildsvin

鱼

fisk

龟

sköldpadda

海象

valross

狐狸

räv

羚羊

gazell

动物园 - zoo

橄榄球
amerikansk fotboll

骑自行车
cykling

网球
tennis

篮球
basket

游泳
simning

拳击
boxning

冰球
ishockey

英式足球
fotboll

羽毛球
badminton

田径
friidrott

手球
handboll

滑雪
skidåkning

马球
polo

跳
hoppa

笑
skratta

拥抱
krama

走路
gå

唱
sjunga

做梦
drömma

祈祷
be

亲吻
kyssa

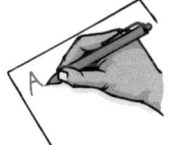

书写
skriva

画
rita

展示
visa

推
skjuta

给
ge

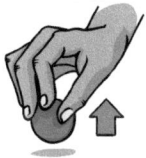

拿
ta

活动 - aktiviteter

有
hagel

做
göra

当
vara

站
stå

跑
springa

拉
dra

扔
kasta

摔倒
falla

躺
ligga

等待
vänta

携带
bära

坐
sitta

穿衣
klä på

睡觉
sova

醒来
vakna

看
se på

哭
gråta

抚摸
smeka

梳头
kamma

交谈
prata

明白
förstå

问
fråga

听
höra

喝
dricka

吃
äta

清理
städa

爱
älska

做饭
laga mat

开车
köra

飞
flyga

航行

segla

计算

räkna

读

läsa

学习

lära sig

工作

arbeta

结婚

gifta sig

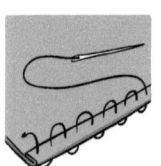

缝

sy

刷牙

borsta tänderna

杀

döda

抽烟

röka

寄

skicka

祖母
mormor/farmor

祖父
morfar/farfar

父亲
pappa

母亲
mamma

婴童
baby

女儿
dotter

儿子
son

客人

gäst

阿姨

moster/faster

叔叔

farbror/morbror

兄弟

bror

姐妹

syster

身体

kropp

前额
panna
眼睛
öga
肩膀
skuldra
手指
finger
脸
ansikte
下巴
haka
手
hand
腿
ben
乳房
bröst
手臂
arm

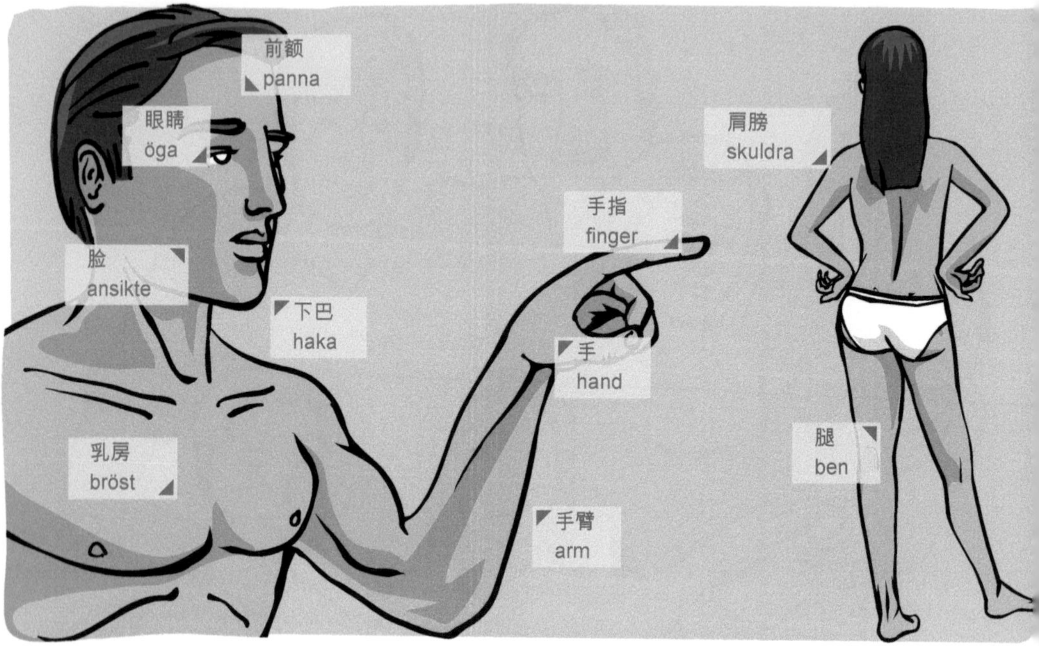

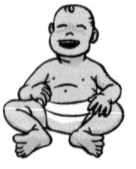

婴童

baby

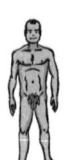

男人

man

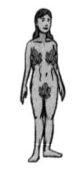

女人

kvinna

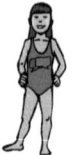

女孩

flicka

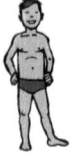

男孩

pojke

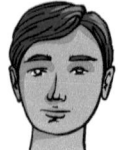

头

huvud

背部

rygg

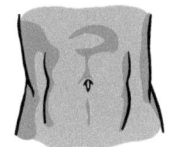

肚子

mage

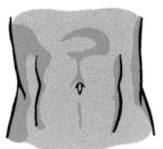

肚脐

navel

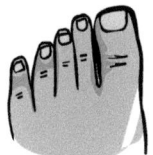

脚趾

tå

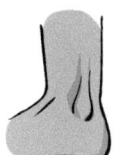

脚后跟

häl

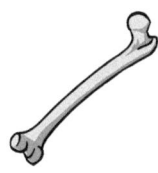

骨头

ben

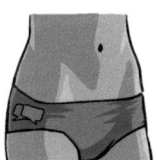

臀部

höft

膝盖

knä

手肘

armbåge

鼻子

näsa

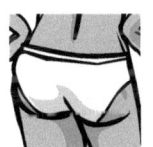

屁股

stjärt

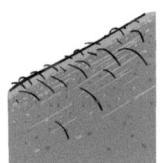

皮肤

hud

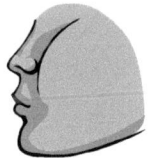

脸颊

kind

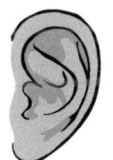

耳朵

öra

嘴唇

läpp

身体 - kropp

嘴

mun

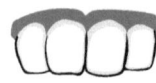

牙齿

tand

舌头

tunga

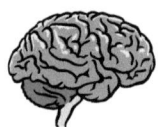

脑

hjärna

心脏

hjärta

肌肉

muskel

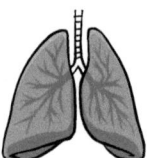

肺

lunga

肝脏

lever

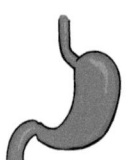

胃

magsäck

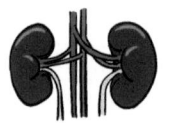

肾脏

njurar

性交

sex

避孕套

kondom

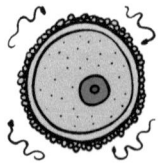

卵子

äggcell

精子

sperma

怀孕

graviditet

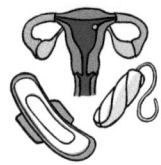

月经

menstruation

阴道

vagina

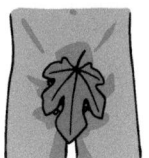

阴茎

penis

眉毛

ögonbryn

头发

hår

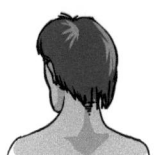

脖子

nacke

身体 - kropp

医院
sjukhus

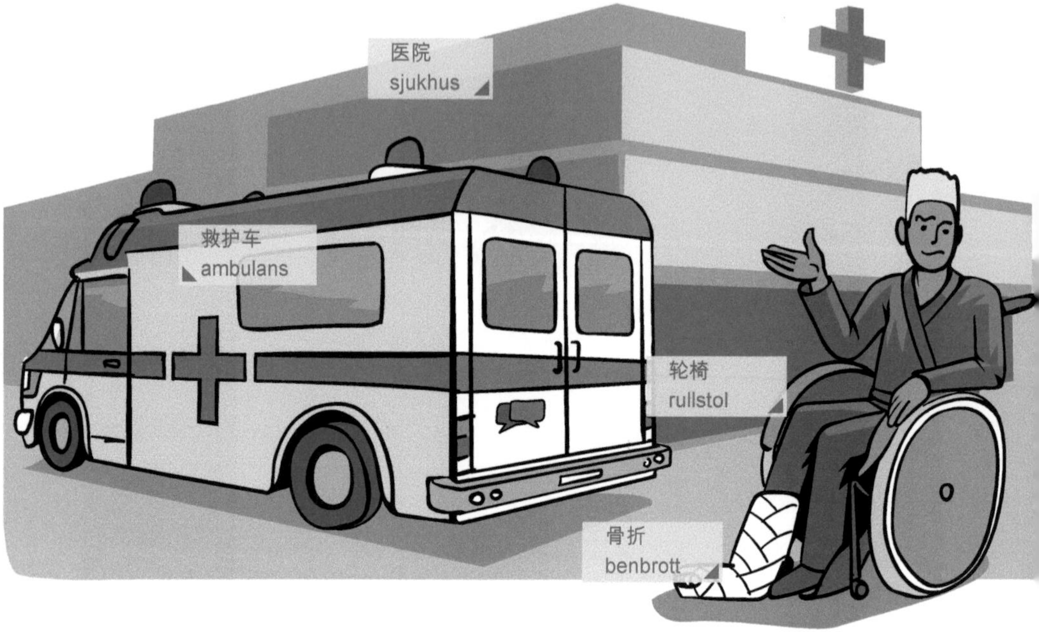

医院
sjukhus

救护车
ambulans

轮椅
rullstol

骨折
benbrott

医生

läkare

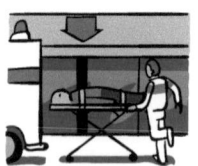

急诊室

akutmottagning

护士

sjuksköterska

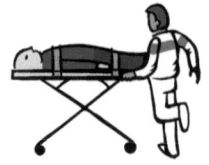

紧急情况

nödsituation

昏迷

medvetslös

痛

smärta

受伤
skada

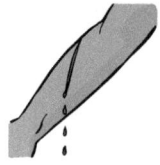

出血
blödning

心脏病发作
hjärtattack

中风
slaganfall

过敏
allergi

咳嗽
hosta

发烧
feber

流感
influensa

腹泻
diarré

头痛
huvudvärk

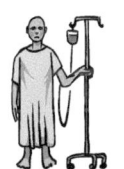

癌症
cancer

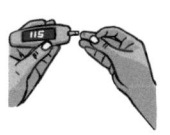

糖尿病
diabetes

外科医生
kirurg

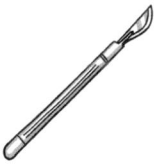

手术刀
skalpell

手术
operation

CT

CT

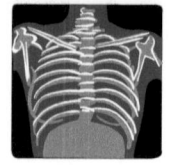

X光

röntgen

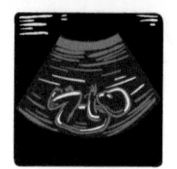

超声波

ultraljud

口罩

ansiktsmask

疾病

sjukdom

候诊室

väntsal

拐杖

krycka

石膏

plåster

绷带

bandage

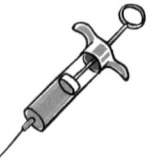

注射

injektion

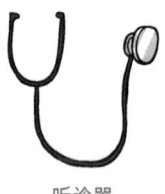

听诊器

stetoskop

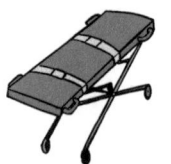

担架

bår

体温计

termometer

出生

födsel

超重

övervikt

助听器

hörapparat

消毒液

desinfektionsmedel

感染

infektion

病毒

virus

艾滋病

HIV / AIDS

药物

medicin

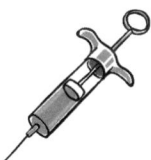

接种疫苗

vaccination

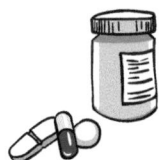

药片

tabletter

药丸

p-piller

急救电话

nödsamtal

血压计

blodtrycksmätare

生病/健康

sjuk / frisk

救命！

Hjälp!

警报

alarm

突击

överfall

攻击

misshandel

危险

fara

紧急出口

nödutgång

着火啦！

Det brinner!

灭火器

brandsläckare

意外

olycka

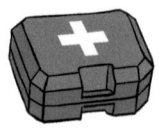

急救箱

förbandslåda

呼救信号

SOS

警察

polis

欧洲

Europa

北美洲

Nordamerika

南美洲

Sydamerika

非洲

Afrika

亚洲

Asien

澳洲

Australien

大西洋

Atlanten

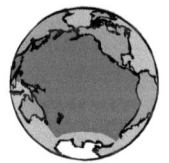

太平洋

Stilla Havet

印度洋

Indiska Oceanen

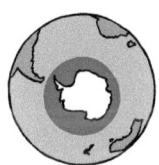

南冰洋

Antarktiska Oceanen

北冰洋

Arktiska Oceanen

北极

Nordpol

南极

Sydpol

南极洲

Antarktis

地球

Jorden

陆地

land

海

hav

岛

ö

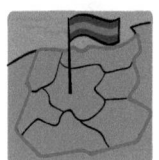

国家

nation

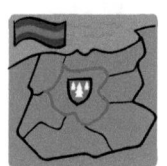

国家

stat

钟面

urtavla

时针

timvisare

分针

minutvisare

秒针

sekundvisare

现在几点？

Vad är klockan?

天

dag

时间

tid

现在

nu

电子表

digital klocka

分

minut

时

timme

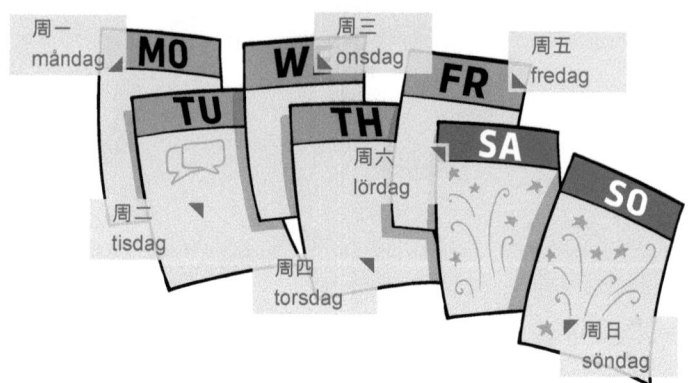

周一 måndag
周三 onsdag
周五 fredag
周二 tisdag
周四 torsdag
周六 lördag
周日 söndag

昨天

igår

今天

idag

明天

imorgon

早晨

morgon

中午

middag

晚上

kväll

MO	TU	WE	TH	FR	SA	SU

工作日

vardagar

MO	TU	WE	TH	FR	SA	SU

周末

helg

雨
regn

彩虹
regnbåge

风
vind

雪
snö

春
vår

秋
höst

夏
sommar

冬
vinter

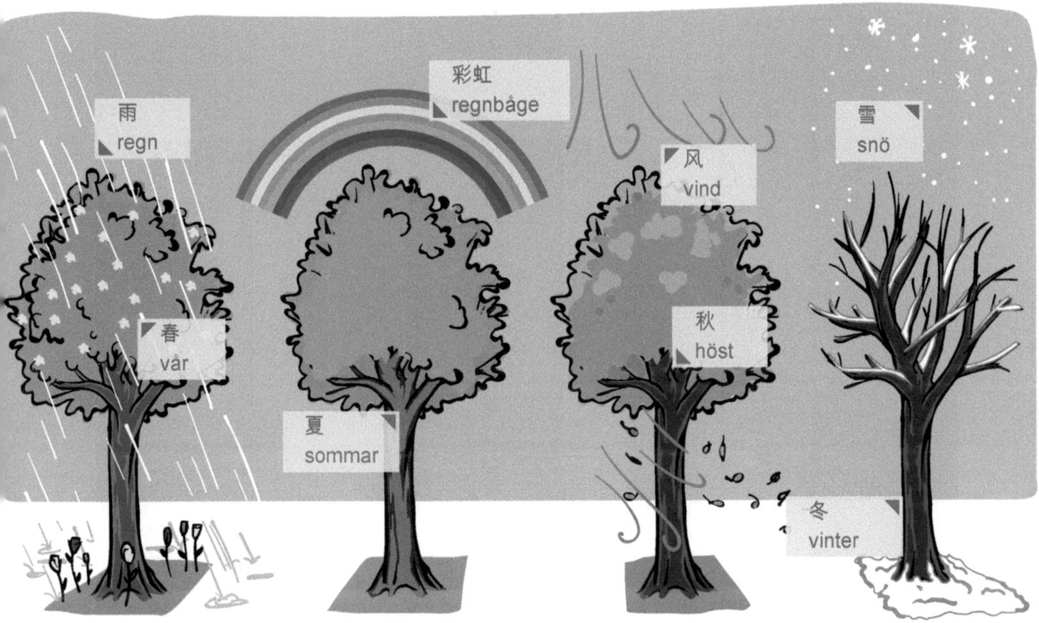

天气预报
väderprognos

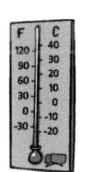

温度计
termometer

阳光
solsken

云
moln

雾
dimma

潮湿
luftfuktighet

闪电

blixt

打雷

åska

风暴

storm

冰雹

hagel

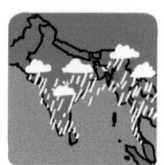

季风

monsun

洪水

översvämning

冰

is

一月

januari

二月

februari

三月

mars

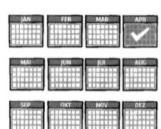

四月

april

五月

maj

六月

juni

七月

juli

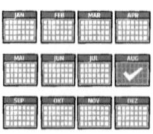

八月

augusti

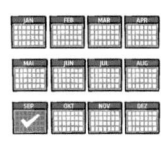

九月

september

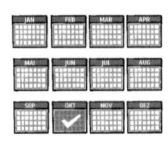

十月

oktober

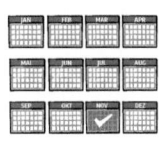

十一月

november

十二月

december

形状
former

圆形

cirkel

正方形

kvadrat

长方形

rektangel

三角形

triangel

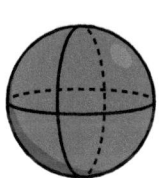

球体

sfär

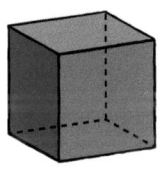

立方体

kub

颜色
färger

白
vit

黄
gul

橙
orange

粉
rosa

红
röd

紫
lila

蓝
blå

绿
grön

棕
brun

灰
grå

黑
svart

很多/少许

mycket / lite

生气/平静

arg / lugn

美/丑

vacker / ful

首/尾

början / slut

大/小

stor / liten

明/暗

ljus / mörk

兄弟/姐妹

bror / syster

干净/肮脏

ren / smutsig

完整/缺失

komplett / ofullständig

白天/晚上

dag / natt

死/生

död / levande

宽/窄

bred / smal

可食用/非食用

ätlig / oätlig

邪恶/善良

ond / god

兴奋/无聊

upphetsad / uttråkad

胖/瘦

tjock / smal

第一/最后

först / sist

朋友/敌人

vän / fiende

满/空

full / tom

硬/软

hård / mjuk

重/轻

tung / lätt

饿/渴

hunger / törst

生病/健康

sjuk / frisk

非法/合法

olaglig / laglig

聪明/愚笨

intelligent / dum

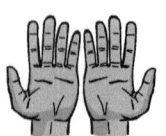

左/右

vänster / höger

近/远

nära / långt bort

新/旧

ny / begagnad

没有/有些

inget / något

老/幼

gammal / ung

开/关

på / av

打开/合上

öppen / stängd

安静/吵闹

tyst / högljudd

富/穷

rik / fattig

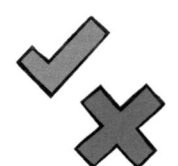

对/错

rätt / fel

粗糙/光滑

grov / slät

伤心/高兴

ledsen / glad

短/长

kort / lång

慢/快

långsam / snabb

湿/干

våt / torr

温暖/凉爽

varm / sval

战争/和平

krig / fred

0	**1**	**2**
零	一	二
noll	ett	två
3	**4**	**5**
三	四	五
tre	fyra	fem
6	**7**	**8**
六	七	八
sex	sju	åtta
9	**10**	**11**
九	十	十一
nio	tio	elva

12
十二
tolv

13
十三
tretton

14
十四
fjorton

15
十五
femton

16
十六
sexton

17
十七
sjutton

18
十八
arton

19
十九
nitton

20
二十
tjugo

100
百
hundra

1.000
千
tusen

1.000.000
百万
miljon

英语

engelska

美式英语

amerikansk engelska

普通话

kinesisk mandarin

印地语

hindi

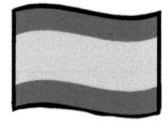

西班牙语

spanska

法语

franska

阿拉伯语

arabiska

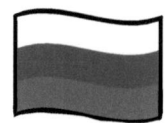

俄语

ryska

葡萄牙语

portugisiska

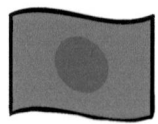

孟加拉语

bengali

德语

tyska

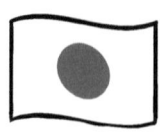

日语

japanska

我
jag

你
du

他/她/它
han / hon / den (det)

我们
vi

你们
ni

他们
de

谁？
vem?

什么？
vad?

怎样？
hur?

哪里？
var?

什么时候？
när?

名字
namn

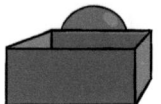

后面

bakom

里面

i

前面

framför

上方

över

上面

på

下面

under

旁边

bredvid

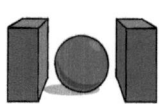

中间

mellan

地点

plats